AF240139

CATALOGUE

d'une jolie collection

DE

TABLEAUX

ANCIENS ET MODERNES,

des Écoles Flamande, Française et Hollandaise,

DONT LA VENTE SE FERA PUBLIQUEMENT,

HOTEL DES VENTES,

RUE DES JEUNEURS, N° 42,

Salle n. 3,

LE SAMEDI **27 MARS 1852**, UNE HEURE DE RELEVÉE,

Par le ministère de M° **BONNEFONS DE LAVIALLE**, Commissaire-Priseur,

RUE DE CHOISEUL, 11,

Assisté de M. **FERDINAND LANEUVILLE**, Expert,

rue Neuve-des-Mathurins, 73,

Chez lesquels se distribue le présent Catalogue.

EXPOSITION PUBLIQUE

Le Vendredi 26 Mars 1852, de midi à cinq heures,

PARIS

IMPRIMERIE ET LITHOGRAPHIE DE MAULDE ET RENOU,

rue des Fossés-Saint-Germain-l'Auxerrois, 14.

1852

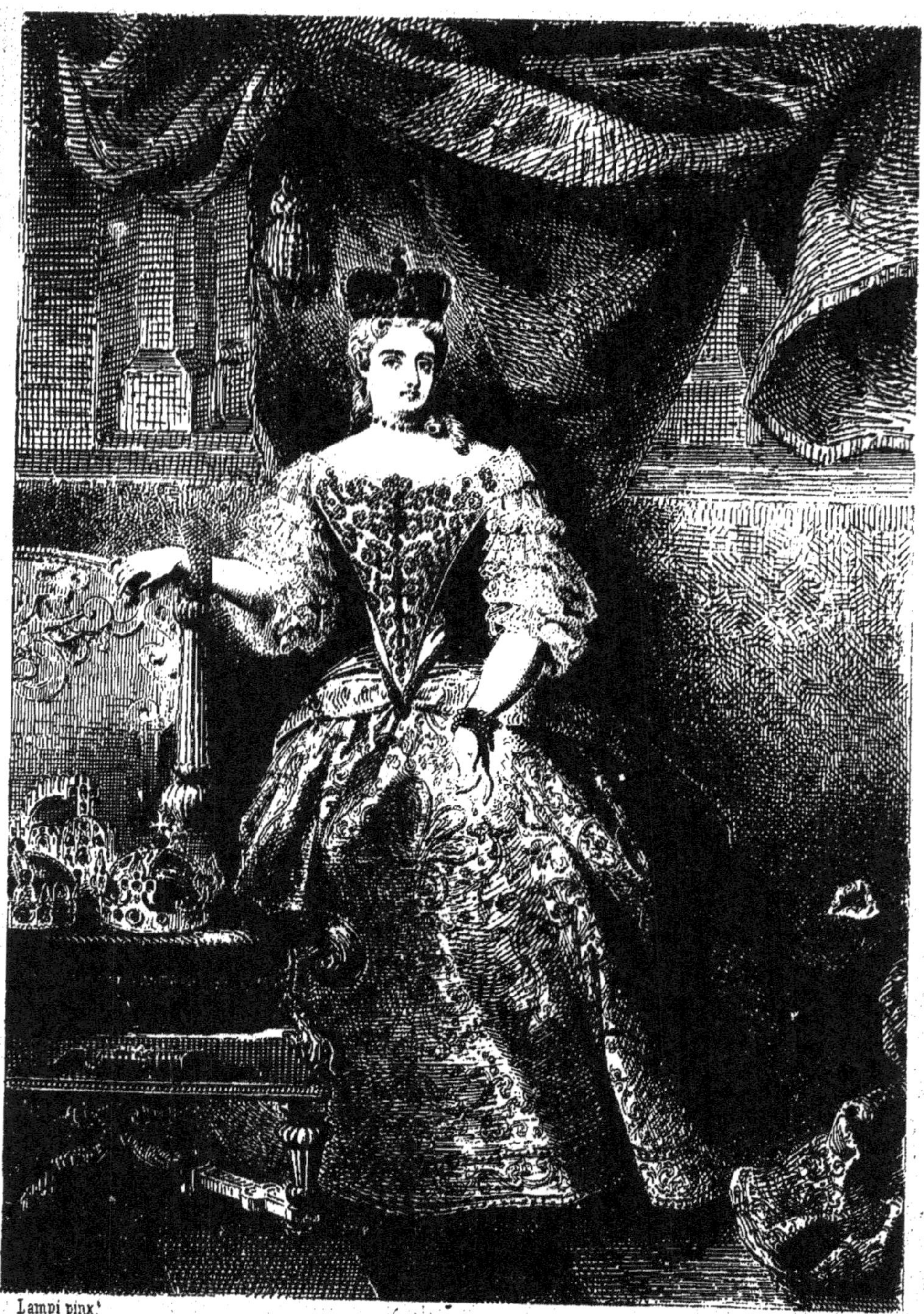

Lampi pinx.

Portrait en pied d'ELISABETH CHRISTINE,
Impératrice d'Autriche, Reine de Bohème & de Hongrie.

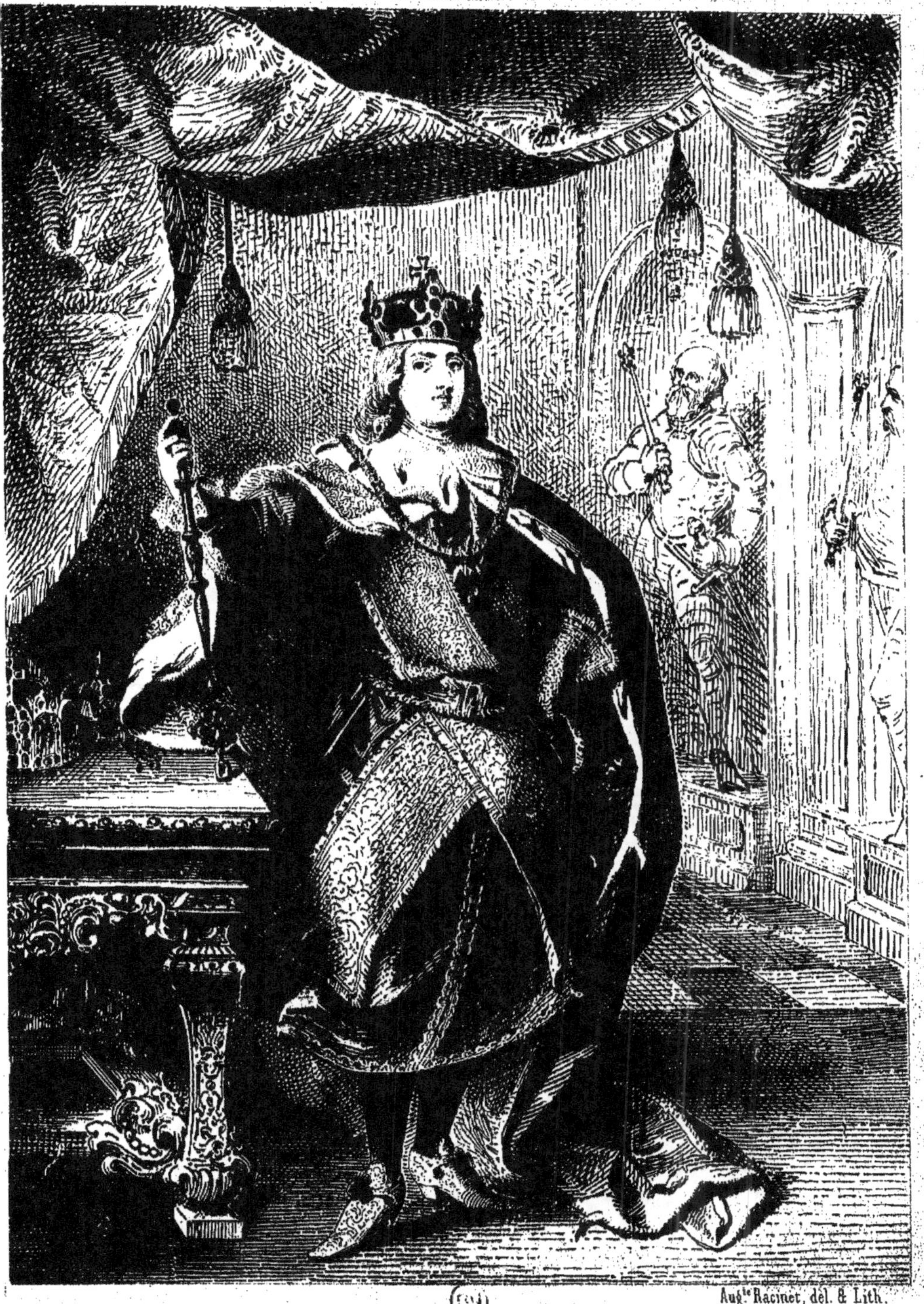

Portrait en pied de CHARLES VI,
Empereur d'Autriche, Roi de Bohème & de Hongrie.

Aug.te Racinet, dél. & Lith.

AVANT-PROPOS.

Le Catalogue a été dressé par ordre alphabétique et sans emphase, on a seulement et succinctement décrit les tableaux avec l'indication des maîtres. Les Amateurs éclairés sauront rendre justice à la sincérité de la rédaction.

OBSERVATION.

La dimension des tableaux est indiquée en centimètres.

CONDITIONS DE LA VENTE.

Elle se fera au comptant.

Les acquéreurs paieront, en sus des adjudications, cinq pour cent applicables aux frais de vente.

DÉSIGNATION,

DES TABLEAUX

ACHTSCHELLINGS.

1 — Paysage boisé avec figures.

Toile. — Haut., 51 c. Larg., 60 c.

ASSELYN (Jean).

2 — Paysage rocailleux avec figures, par Jean Lin-
gelback.

Toile. — Haut., 89 c. Larg., 75 c.

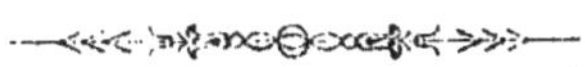

ANDRIESSEN (Jean).

3 — Une Vénus endormie.

Toile. — Haut., 27 c. Larg., 51 c.

BENTABOL.

4 — Vue prise sur la côte de Normandie.

Bois. — Haut., 32 c. Larg., 42 c.

BOUCHER (François).

5 — Portrait d'une dame, siècle Louis XV.

Toile. — Haut., 58 c. Larg., 26 c.

BREKELENKAMP (Quirin).

6 — Jeune ménagère s'occupant des apprêts du repas.

Bois. — Haut., 47 c. Larg , 65 c.

BROUWER (Adrien).

7 — Un homme coupant ses moustaches.

Bois. — Haut., 22 c. Larg., 15 c.

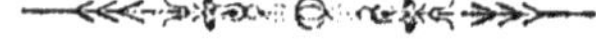

CAMPODILLIO.

8 — Des fruits.

Toile. — Haut., 45 c. Larg., 60 c.

CUYP (Albert).

9 — Paysage avec ruines et groupes d'animaux et
figures.

Bois. — Haut., 45 c. Larg., 55 c.

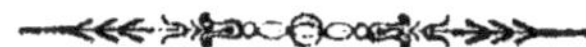

DEMARNE.

10 — Un hiver.

Toile. — Haut., 48 c. Larg., 58 c.

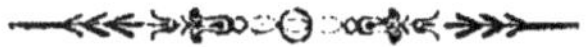

DIETRICY (Chrétien).

11 — Paysage avec figures et animaux.

Toile. — Haut., 62 c. Larg., 71 c.

DIETRICY (Chrétien).

12 — Loth et ses filles.

Bois. — Haut., 44 c. Larg., 35 c.

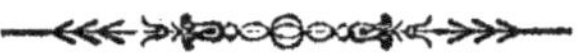

DEKONINCK (David).

13 — Sujet biblique.

Le ton et la couleur qui règnent dans ce tableau font voir
que cet artiste est élève de Rembrandt.

Bois. — Haut., 28 c. Larg., 48 c.

D'HOOG (Pierre).

14 — Diane au repos.

Bois. — Haut., 10 c. Larg., 24 c.

DEVOIS (Arie).

15 — Vieillard en réflexion.

Bois. — Haut., 20 c. Larg., 17 c.

DUSART (Corneille).

16 — Un paysan mangeant un hareng et regardant son chien.

Bois. — Haut., 30 c. Larg.. 21 c.

FLORIS (Franck).

17 — Les trois Vierges.

Cet artiste est désigné dans l'histoire sous le nom du Raphaël flamand.

Bois. — Haut., 55 c. Larg., 07 c.

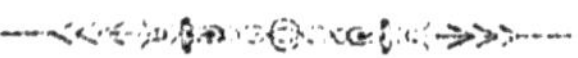

GAAL (Bernard).

18 — Chevaux et figures dans un paysage.

Toile. — Haut., 47 c. Larg., 62 c.

GEIRNAERT père.

19 — Deux dames regardant un portrait.

Bois. — Haut., 45 c. Larg., 36 c

GEIRNAERT fils.

20 — Paysage avec figures et animaux.

Bois. — Haut., 34 c. Larg., 45 c.

GREUZE (J.-B.).

21 — Jeune fille avec son chien. Esquisse.

Toile. — Haut., 60 c. Larg., 47 c.

GREUZE (J.-B.) d'après.

22 — Jeune fille à la cruche cassée.

Toile. — Haut., 105 c. Larg., 96 c.

HUYSMAN (de Malines).

23 — Paysage avec figures et animaux.

Toile. — Haut., 60 c. Larg., 76 c.

JANSSENS (le Danseur).

24 — L'Enfant prodigue.

Toile. — Haut., 67 c. Larg., 58 c.

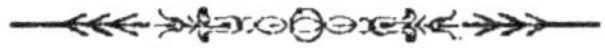

KOBBEL (J.) le Vieux.

25 — Paysage avec figures et animaux dans le style de Paul Potter.

Cuivre. — Haut., 31 c. Larg., 44. c.

LAMPI.

26 — Portrait en pied de Charles VI, empereur d'Autriche, roi de Bohême et de Hongrie.

Toile. — Haut., 270 c. Larg., 175 c

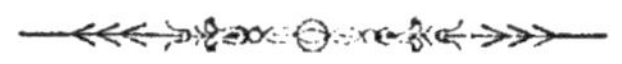

LAMPI.

27 — Portrait en pied d'Élisabeth Christine, impératrice d'Autriche, reine de Bohême et de Hongrie.

Toile. — Haut., 270 c. Larg., 175 c.

Ces deux tableaux, formant pendants, doivent avoir été peints au commencement du XVIII⁰ siècle, l'empereur d'Allemagne Charles VI ayant régné de 1711 à 1740.

Quoique la plupart des Biographies des peintres ne fassent pas mention de Lampi, artiste italien, il n'en est pas moins reconnu que Lampi jouissait d'une réputation non usurpée, étant chargé de reproduire la plupart des souverains contemporains.

LEPICIÉ.

28 — Portrait d'un jeune villageois.

Toile. — Haut., 44 c. Larg , 37 c.

MIGNARD.

29 — Portrait de la duchesse de Bourgogne.

Toile. — Haut., 45 c. Larg., 37 c.

MOUCHERON (Isaac).

30 — Paysage italien avec figures.

Toile. — Haut., 39 c Larg., 52 c.

MOUCHERON (Isaac).

31 — Pendant du précédent.

Isaac Moucheron fut le frère cadet de Frédéric Moucheron. L'artiste que nous représentons ayant voyagé en Italie, s'y sera inspiré des productions de Salvator Rosa.

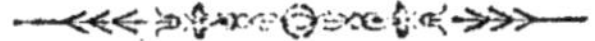

NATIER.

32 — Portrait de la femme de Louis XV.

Toile. — Haut., 63 c Larg., 52 c.

NETSCHER (Constantin).

33 — Deux portraits ovales dans leurs cadres en bois
sculpté et doré, formant pendants.

ROULAUT (Edmond).

34 — Des gamins s'amusant à faire faire l'exercice à
un chien.

Bois. — Haut., 50 c. Larg., 42 c.

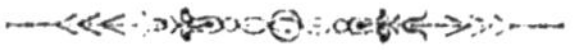

ROEHN.

35 — Le billet de loterie.

Toile. — Haut., 38 c. Larg., 30 c.

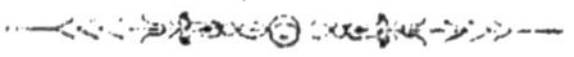

ROSA (Salvator).

36 — Saint Jérôme dans un paysage.

Bois. — Haut., 41 c. Larg., 29 c.

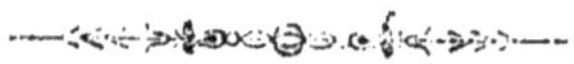

SCHALCKEN (Godefroy).

37 — Danaé ou la Pluie d'or.

Toile. — Haut., 77 c. Larg., 62 c.

SCHELFHOUT (A.).

38 — Petit hiver.

Bois. — Haut., 14 c. Larg., 20 c.

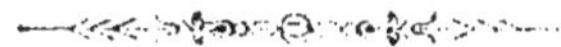

SICARD.

39 — Portrait de Charlotte Corday.

Bois. — Haut., 57 c. Larg. 48 c.

TESSIER (Ange).

40 — Jeune femme tenant des fruits dans ses mains.

Toile. — Haut., 53 c. Larg. 43 c.

TURKEN.

41 — Deux dames examinant de la dentelle.

Bois. — Haut., 43 c. Larg., 34 c.

VANDER NEER (Aart).

42 — Paysage avec figures. Effet de lune.

Bois. — Haut., 48 c. Larg., 62 c.

VANDER NEER (Aart).

43 — Paysage. Crépuscule.

Bois. — Haut., 50 c. Larg., 45 c.

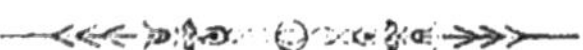

VANDER WERF (Adrien).

44 — Portrait d'un homme de distinction.

Toile. — Haut., 117 c. Larg., 96 c.

VAN DE VELDE (Guillaume).

45 — Une mer calme.

Bois. — Haut., 32 c. Larg., 42 c.

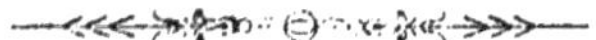

VERHEYDE (François).

46 — Jeune villageoise des environs d'Anvers s'amusant à faire les cartes et désignant l'as de pique.

Bois. — Haut., 49 c. Larg., 61 c.

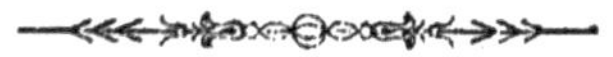

VERKOLIE.

47 — Petit intérieur.

Bois. — Haut., 20 c. Larg., 22 c.

VITRINGA.

48 — Marine dans la manière de Backhuyzen.

Toile. — Haut., 57 c. Larg., 47 c.

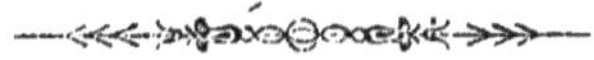

WOUWERMANS (PIERRE).

49 — Jeune trompette dans un paysage.

Bois. — Haut., 21 c. Larg., 16 c.

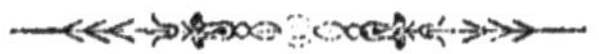

ZORG (HENRI ROKES).

50 — Jeune villageoise récurant des ustensiles de mé-
nage.

Bois. — Haut., 58 c. Larg., 80 c.

Paris. — Imprimerie et Lithographie Maulde et Renou, rue des Fossés-
Saint-Germain-l'Auxerrois, 14.   3204

9 782329 077475